MA MAMAN EST UNE DOCTEURE MILITAIRE

DR. TAMIKA HAMLET, MD
ILLUSTRATRICE: NAIYLAH HAMLET

Ma maman est une docteure militaire
Copyright © 2022 by Dr. Tamika Hamlet, MD

All rights reserved. No part of this publication may be reproduced, distributed, or transmitted in any form or by any means, including photocopying, recording, or other electronic or mechanical methods, without the prior written permission of the author, except in the case of brief quotations embodied in critical reviews and certain other non-commercial uses permitted by copyright law.

Tellwell Talent
www.tellwell.ca

ISBN
978-0-2288-8509-2 (Paperback)

Pour mes bébés, Toussaint et Timothée

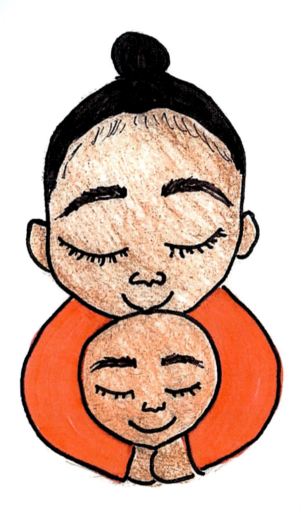

J'aime ma maman et mon papa.
Ils travaillent fort pour moi et mon bébé frère,
pour nous fournir tout ce qu'on a besoin.

Ils veulent toujours que nous soyons contents,
Et que nous soyons gentils et intelligents.

Ils nous achètent les jouets qu'on veut.

Ils cuisent nos repas favoris.

Mais surtout, ils passent le temps de qualité avec nous, comme quand nous allons au parc ou à la plage!

Ma maman vient juste d'être diplômée de l'école de médecine, et elle est actuellement une docteure résidente.

Elle travaille à l'hôpital, et elle
aide les personnes malades.

Elle donne des médicaments aux
patients quand ils en ont besoin.

Elle utilise son stéthoscope pour écouter
leur cœur et leurs poumons.

Des fois, elle me manque quand elle part pour travailler ses postes de jour et ses postes de nuit.

Mais, je sais que son travail est important et je suis fier d'elle.

Elle sauve des vies chaque jour, comme un super-héros!

Dans le futur, c'est possible qu'elle va falloir partir pour plusieurs semaines ou plusieurs mois, travaillant pour l'armée.

Mais, mon bébé frère et moi serons
contents et saufs, avec papa.

Ma maman est courageuse et puissante.

Elle nous dit toujours: « je t'aime »
et « je suis fière de toi »

Elle nous donne des bisoux et des caresses.

Elle nous enseigne des choses nouvelles
aussi, comme les ABC et 123!

Peu importe si elle est loin ou proche,
ma maman est toujours là.

Elle est une docteure militaire!

Elle est un super-héros!

Surtout, elle est ma maman et je l'aime
beaucoup, maintenant et toujours.

Manufactured by Amazon.ca
Bolton, ON